브랜드를 살리는
온라인 마케팅 6가지 노하우

브랜드를 살리는 온라인 마케팅 6가지 노하우

발행일　2016년 2월 4일

지은이　서 지 은
펴낸이　손 형 국
펴낸곳　(주)북랩
편집인　선일영　　　　　　　　　　　　편집　김향인, 서대종, 권유선, 김성신
디자인　이현수, 신혜림, 윤미리내, 임혜수　제작　박기성, 황동현, 구성우
마케팅　김회란, 박진관, 김아름
출판등록　2004. 12. 1(제2012-000051호)
주소　서울시 금천구 가산디지털 1로 168, 우림라이온스밸리 B동 B113, 114호
홈페이지　www.book.co.kr
전화번호　(02)2026-5777　　　　　　　　팩스　(02)2026-5747

ISBN　979-11-5585-940-7 03320(종이책)　　979-11-5585-924-7 05320(전자책)

이 도서의 국립중앙도서관 출판예정도서목록(CIP)은 서지정보유통지원시스템 홈페이지(http://seoji.nl.go.kr)와
국가자료공동목록시스템(http://www.nl.go.kr/kolisnet)에서 이용하실 수 있습니다.
(CIP제어번호 : CIP2016003430)

성공한 사람들은 예외없이 기개가 남다르다고 합니다.
어려움에도 꺾이지 않았던 당신의 의기를 책에 담아보지 않으시렵니까?
책으로 펴내고 싶은 원고를 메일(book@book.co.kr)로 보내주세요.
성공출판의 파트너 북랩이 함께하겠습니다.

브랜드를 살리는
온라인 마케팅 6가지 노하우

단시간에 팬을 끌어모으는 HOT한 SNS 만들기

서지은 지음

100년 가는 SNS 채널, 어떻게 만들까?
무작정 ID부터 만들지 마라!
1억짜리 온라인 마케팅 기획안 쓰는 방법

북랩 book Lab

프롤로그

당신이 오늘 하루 가장 많은 스킨십을 한 상대는 무엇인가. 바로 스마트폰이나 키보드일 것이다.

우리는 눈을 뜨는 순간부터 스마트폰으로 알람을 끄고 밤새 쌓인 메시지를 확인하며 하루를 시작한다. 시장을 봐 오는 것보다 편하고 빠른 '로켓배송'으로 물건을 주문하고 사진을 찍어 리뷰를 공유한다. 데이트를 가기 전에는 데이트 코스를 검색해 이동하고 영화를 보기 전에도 평점과 리뷰를 탐험한다. 한번 들어갔던 쇼핑몰의 이미지는 귀찮을 정도로 끊임없이 웹상에서 따라다닌다. 당신의 모든 생활 속에 '온라인 마케팅'이 있다.

검색 광고를 시작으로 온라인 마케팅이 국내에 처음으로 자리 잡던 10년 전, 사람들은 언론 기사 및 한정적인 마케팅 채널 속에 홍보 콘텐츠를 접했다. 과거 신문 기사로 보도 기사만을 내보내던 홍보 개념의 콘텐츠와 지금의 블로그, 페이스북, 인스타그램으로 제품을 알리는 현재의 온라인 마케팅은 보다 세분화되어 전략적 마케팅 설계를 요한다.

파워블로그 리뷰, 영상 콘텐츠를 통한 적극적 제품 리뷰 바이럴, 카페 커뮤니티 제휴를 통한 체험단 마케팅, 지속적인 친목 도모를 통한 카카오스토리 공동 구매, 심지어 소비자가 직접 광고를 소비하며 캐시를 획득하는 모바일 마케팅 등 소비자의 구미에 맞는 다양화된 온라인 마케팅 시대에 도달했다.

하지만 무턱대고 너도나도 블로그를 개설했다 운영을 제대로 하지 못했거나, 키워드당 몇 천 원씩 소진되는 검색 광고 운영비에 지속적인 온라인 마케팅을 하지 못해 효과를 볼 수 없었던 기업이 많다.

이것은 당연한 결과다. 관심 없는 광고 전단을 받고 열 보도 채 걷지 못해 길에 버리는 전단지처럼 정체를 알 수 없는 블로그와 지속적이지 못한 온라인 마케팅은 소비자에게 스쳐 가는 광고 전단에 불과하다.

그렇다면 우리는 온라인 마케팅에 대해 무엇을, 어떻게 시작해야 할까. 각 산업에 최적화된 채널, 기업과 제품의 성장 단계에 맞는 온라인 마케팅 방법은 무엇일까. 이 책은 직접 온라인 마케팅을 운영하고자 하는 소상공인에서부터 온라인 마케팅에 입문한 새내기 기획자들에게 도움이 될 수 있도록 온라인 마케팅의 A to Z를 담았다.

사람들이 열광하는 콘텐츠는 무엇이고, 열광하는 사람들은 어디에 있을까. 바이럴 마케팅이 국내에 도입되기 시작하면서부터 온몸으로 체득했던 온라인 마케팅 기획부터 실무까지의 노하우를 공개한다.

차례

PART 1 ··· **무엇을 말할 것인가**

❶ 온라인 마케팅 브랜드 콘셉트 기획   010
❷ 콘셉트에 맞는 온라인 마케팅 채널 기획   018
❸ 브랜딩 메인 채널 설계   033

PART 2 ··· **누구에게 말할 것인가**

❶ 구매자와 이용자를 구분하라   038
❷ SNS 채널 이용자의 라이프 스타일을 분석하라   039
❸ 오피니언 리더를 찾아라   043

PART 3 ··· **어떻게 말할 것인가**

❶ 경쟁사를 찾아라   048
❷ 미투 브랜드가 될 것인가, 선도 업체가 될 것인가   050
❸ 주 단위, 월 단위, 분기별 주제를 수립하라   051
❹ 파워 브랜딩 매체를 갖기 위한 단계별 전략   052

PART 4

⋯ 어디에 말할 것인가

❶ 읽는 사람을 위한 마케팅 글쓰기　　　　　054
❷ 구독자 반응 분석하기　　　　　　　　　058

PART 5

⋯ 매출 창구로써의 마케팅 채널을 기획하라

❶ 목표는 매출 증대　　　　　　　　　　062
❷ 채널 연동으로 시너지 효과를 창출하라　　063

PART 6

⋯ 위기를 사전에 대비하라

❶ 콘텐츠 저작권　　　　　　　　　　　　066
❷ 실시간 대응 가능한 공식 채널 및
　서포터즈 네트워크 확보　　　　　　　　068
❸ 꾸준히 성장시킨 브랜드 채널의 힘　　　070

PART

1

⋮

무엇을 말할 것인가

1

온라인 마케팅
브랜드 콘셉트 기획

사각의 링 위에 선 선수들을 보라. 단단한 글러브와 헤드기어, 0.5초면 땀을 흡수하는 기능성 스포츠웨어까지. 사각의 링 위에서 살아남을 수 있는 최소한의 장비들을 갖추고 링에 오른다.

새로운 경쟁 상대가 끊임없이 쏟아지는 온라인상에 우리 기업의 제품을 성공적으로 노출시키기 위해서는 모두가 갖추고 있는 기본 장비부터 챔피언 벨트를 거머쥘 수 있는 나만의 무기까지 필요하다.

가장 먼저 선택해야 할 사항은 브랜드의 체급을 결정하는 일이다. 아무리 멋진 아이템이라 하더라도 스타트업의 브랜드는 대기업과 같은 방식의 마케팅으로는 이길 수 없다.

1년 미만의 신생 기업이 아주 멋진 아이템을 포털사이트 네이버

메인에 수억을 들여 며칠간 노출했다고 하자. 하지만 사람들은 이 아이템을 기억하지 못할 것이며 매출로도 즉각적으로 이어지지 못할 것이다.

왜냐하면 클릭 한 번으로 유입된 유저들은 스크롤을 내려 정보를 보고(view) 지나갈 뿐, 자세한 탐색의 리딩(reading)을 하지 않기 때문이다.

그렇다면 온라인 유저들을 마케팅을 통해 우리 브랜드의 팬으로 만들고, 팬들을 소비자로 이끌어 낼 수 있는 전략은 무엇인가.

온라인 마케팅 구축 단계

- 1단계: SNS 채널을 통한 쉬운 접근으로 구독자 모객
- 2단계: 공식 홈페이지로의 회원 가입 유도
- 3단계: 지속적 콘텐츠 노출을 통해 브랜드 인지도 제고
- 4단계: 판촉 프로모션을 통해 브랜드 붐업(boom-up)
- 5단계: 재구매 촉진을 통한 브랜드 마니아 형성

온라인 마케팅은 상호 소통하는 마케팅 채널로써의 장점을 가장 크게 가진다. 그렇기 때문에 단계별로 접근해 소통하는 전략이 필요하다.

많은 노출은 마케팅에 분명히 도움이 되지만 필승의 비법이 아니다. 우리 기업의 체급이 어디에 속하는지를 객관적으로 판단하고

체급과 단계에 맞는 싸움의 기술이 필요하다.

예를 들어 굴지의 제약 회사에서 신제품을 개발했다고 한다면 기업의 이름과 슬로건을 내세운 대형 구매 촉진 온라인 이벤트를 통해 쉽게 사람들의 이목을 끌고 설득시켜 구매를 유도할 수 있을 것이다.

반면 스타트업 벤처의 기발한 아이디어 상품일 경우, 단순히 제품의 안정성과 신뢰성으로 사람들의 구매를 촉진시킬 수 없다. 오히려 기능과 효능이 강조된 10초짜리 Before&after 바이럴 영상을 보고 제품에 대한 호기심을 일으켜 충동적 구매를 할 가능성이 높을 것이다. 이처럼 자사의 브랜드 규모와 위치를 정확히 파악해야 효율적인 온라인 마케팅 전략을 설계할 수 있다.

이와 같이 신규 브랜드가 온라인 마케팅 창구를 찾는 방법 중 하나로 기존 네트워크 팬(FAN)을 보유한 채널과의 제휴를 들 수 있다.

공식 페이스북 팬 약 25만 명을 확보한 쿠팡의 공식 페이스북(www.facebook.com/Coupang.korea)에는 다양한 중소 신규 기업의 제품 리뷰 콘텐츠가 올라온다. 최근 쿠팡 페이스북에 홍보 콘텐츠를 노출한 〈한경희 가위칼〉 영상은 등록 2달 만에 총 조회수가 9만5천 회에 달하며 제품 판매에 큰 도움이 되었다.

기업의 이미지와 제품 특성을 결합해 강력한 메시지를 전달하는 SNS 창구로는 페이스북을 예로 들 수 있다. 다른 온라인 마케팅 채널보다 강력한 사진과 동영상 그리고 짧은 텍스트로 구독자를 유치해야 하기 때문이다.

페이스북 구독자 랭킹을 파악할 수 있는 소셜베이커스(http://www.socialbakers.com/statistics/facebook/)에서는 우리나라의 페이스북 랭킹도 한눈에 볼 수 있다.

팬들이 적극적으로 구독하고 열광하는 페이지들을 분석해 이 페이지들과의 제휴를 진행하고, 우수한 사례를 벤치마킹해 자사 브랜드의 온라인 마케팅에 적용해 보는 것 또한 필요하다.

<소셜베이커스의 메인 화면>

<대한민국 산업 분야 페이스북 페이지 구독자 랭킹 순위 BEST 10>

Total Fans

1		삼성 (Samsung)	3 098 156
2		Gmarket Global	2 992 199
3		G마켓	1 543 399
4		하이마트(Hi-mart)	1 434 091
5		티몬 TMON	1 374 434
6		SK텔레콤	1 341 311
7		현대자동차그룹 Hyundai	1 336 404
8		CJ ONE	1 266 371
9		LANEIGE 라네즈	1 095 020
10		롯데리아 (LOTTERIA)	1 039 497

[출처] 소셜베이커스

이처럼 어떤 제품을 어떤 채널에, 어떠한 메시지를 콘셉트로 판매할 것인지가 명확해져야 온라인 마케팅에 최적화된 채널과 콘텐츠를 기획할 수 있다.

A 대기업의 브랜드 강조형 콘셉트: 기업의 브랜드 인지도를 앞세운 콘셉트/슬로건 기획이 필요하다.

**제약, 행복의 균형까지 생각합니다. '균형 있는 다이어트S'

B 스타트업 신규 브랜드의 제품 기능 강조형 콘셉트: 대중적 공감을 통해 이목을 집중시키는 콘셉트/슬로건 기획이 필요하다.

> 슈퍼 전염병 시대 면역력 증진 관리가 필수
> 꿀벌이 만든 천연항생물질
> 면역 혁명, 프로폴리스 캔디!

콘셉트와 슬로건을 기획했다면 이제 화자(speaker)를 찾아야 한다. 최근 지방자치단체 고양시청의 페이스북은 팬(fan)을 12만 명 이상 유치하며 지자체 홍보에 적극적으로 페이스북을 활용하고 있다.

승부수는 화자(speaker)였다. 다소 재미없을 수 있는 지역 소식을 '고양이 캐릭터'를 통해 재미있게 전달함으로써 남녀노소 누구나 정보를 받아들일 수 있도록 한 것이다.

<캐릭터 설정의 방법>

화자의 성격	설명
1. 사람 화자	자세한 프로필을 설정(나이/성별/취미/대화체 등)고객 타깃별 집중 커뮤니케이션형 EX) 현과장이 운영하는 현대증권 공식 블로그 blog.naver.com/e_adventure
2. 캐릭터 화자	성향/공식 톤&매너를 설정. 남녀노소 누구나 대응 가능한 화자 EX) 고양시 고양이 캐릭터 페이스북 화자 www.facebook.com/goyangcity

장기적인 채널 운영을 위해 가장 필요한 것은 진정성 있는 화자를 설정하는 일이다. 어떠한 예상치 못한 상황이 발생했더라도 주체가 있는 대응은 그 결과가 다르다.

　　최근 고양이 한 마리가 지자체를 살렸다고 평가받는 고양시청 페이스북(www.facebook.com/goyangcity)은 단순히 고양이 캐릭터로 승부를 본 것만은 아니다. 사람들은 고양이 캐릭터 인형 속 땀을 뻘뻘 흘리며 못 추는 춤을 노력해 추고 있는 캐릭터 속 공무원들의 진심 어린 노력을 보는 것이다.

온라인 마케팅 콘셉트 기획

1. 우리 기업의 위치는 어디인가?
   1) 대기업   2) 중견기업   3) 신생업체

2. 무엇을 강조해야 하는가?
   1) 신뢰도 있는 브랜드 역사와 가치
   2) 제품의 독특한 특성

3. 우리 제품만의 특·장점은 무엇인가?
_____
_____

4. 온라인 마케팅의 콘셉트/슬로건을 기록해 보자!
   • 콘셉트:
   • 슬로건(20자 이내):

5. 우리의 화자는 누구인가(캐릭터/콘셉트/프로필 기획)

콘셉트에 맞는 온라인 마케팅 채널 기획

상품 설명회가 필요한가, 화려한 파티가 필요한가

체급을 결정한 후에는 어떤 대회에 나갈 것인지를 결정해야 한다. 즉, 브랜드의 마케팅 콘셉트를 기획한 후에는 우리 제품을 구매할 수 있는 소비자가 관중으로 모여 있는 온라인 마케팅 채널을 찾아야 한다.

온라인 마케팅 채널은 저마다의 특징이 있다. 장기적인 기업의 목소리가 필요하다면 지속적인 구독이 가능한 블로그 미디어, 폭넓은 데이터베이스(Database, DB)를 기반으로 정확한 타깃팅에 노출 설정이 가능한 페이스북 광고 등 제각기 특성화된 채널에 최대의 효과를 노릴 수 있다.

이는 집행하고자 하는 마케팅 소요 예산에 따라서도 구별된다. 마케팅의 집행 비용이 한정적이고 단기간 내 소요할 수밖에 없다면 이벤트를 통한 마케팅 전략으로 단기적 DB를 구축할 수 있어야 한다.

주류·음료 등 여름 성수기 시즌 상품 등에서 가장 많이 적용되는 온라인 마케팅 기법으로 이벤트 기간을 한정해 프로모션 사이트를 개설, 온라인으로 집중적인 유입을 이끌어 오는 프로모션형 온라인 마케팅을 진행할 수 있다.

예로 클럽과의 제휴를 통해 여름 성수기 시즌을 맞아 '황금잔을 찾아라'라는 프로모션 콘셉트를 기획한 '데미소다' 프로모션 사이트(www.demisoda.co.kr)가 있다. 온라인과 모바일을 통해 쉽게 참여할 수 있으며 고가의 사은품을 통해 주목도를 높였다.

반면 매월 소액이라도 꾸준한 온라인 마케팅 투자 비용이 생길 수 있다면 SNS 채널을 개설해 새로운 구독자를 꾸준히 모객하고 소비자로 유치하는 마케팅 전략이 유용하다.

마케팅 투자 비용을 얼마로 집행할 것인지, 그리고 사용할 수 있는 기간은 어느 정도인지 계획을 수립하고 이에 가장 적합한 전략을 설계해야 한다.

온라인 마케팅 전략	의의
1. 마이크로 사이트 개발&온라인 마케팅 PR (바이럴+디스플레이 배너 광고를 통해 소비자 모객)	단기성 브랜드 이슈 붐업
2. SNS 공식 채널 개발+SNS 채널 이벤트 주기적 진행으로 브랜드 팬층 확보	고객층 확보

효과적인 온라인 마케팅 시너지를 위해서는 장기적인 고객층을 확보하는 SNS 채널을 개발하면서 동시에 빅프로모션(Big Promotion)을 연계하는 것이 좋다.

장기적으로 기업 온라인 마케팅 채널과의 소통을 통해 충분히 브랜드를 인지한 고객들에게 적극적인 구매를 유발할 수 있는 계기를 제공하는 것이다.

그렇다면 우리 기업에 알맞은 온라인 마케팅 채널은 어떻게 결정해야 할까. 각 기업의 산업군과 제품의 특성에 따라 SNS 채널 특성에 맞는 마케팅을 기획해야 한다.

(1) 읽을거리를 제공하는 블로그 마케팅

장기적인 기업 이미지를 구축시켜야 하는 교육, 식품, 전자 등의 산업 분야에서는 신뢰도 높은 브랜드 스토리를 장기적으로 전달할 수 있는 매체가 필요하다. 사진과 글, 동영상과 지도 등 풍성한 콘텐츠를 담기 위한 매체는 블로그다. 제품의 관여도에 따라 신중한 구매 의사 결정이 필요할 경우에도 블로그가 적합하다.

상위 노출 블로그 육성하기

블로그 채널에서 가장 중요한 것은 블로그 영역 '1페이지'에 작성한 블로그 콘텐츠를 보이게 하는 것이다. 이것을 흔히 '상위노출'이라고 표현한다. 포털사이트에서 검색하고자 하는 정보의 키워드를 검색했을 때 블로그 영역에서 상위 1~5위에 등록되는 콘텐츠들은 모바일 통합 검색 영역에도 메인에 보이며 콘텐츠 영향력이 높아진다.

그렇다면 상위 노출을 잘할 수 있는 블로그로 키우기 위해서는 어떻게 해야 할까. 포털사이트에서는 자사의 사이트 신뢰도를 위해 무턱대고 아무 블로그나 상위에 등록시켜 주지 않는다.

블로그 운영 점수와 콘텐츠 운영 점수가 고르게 인정받아야 상위 노출이 잘되는 영향력 있는 블로거가 될 수 있다.

항목	내용
블로그 지수	다양한 키워드를 상위에 노출할 수 있는 영향력 있는 블로그로 인정받아야 함
콘텐츠 지수	장기1페이지 이내 상위에 노출될 수 있도록 양질의 콘텐츠로 콘텐츠 지수를 인정받아야 함적 충성 고객층 확보

블로그는 포털사이트에서 서비스로 제공하는 '가입형 블로그'와 독창적으로 개발·운영할 수 있는 '설치형 블로그'로 나뉜다. 대표적인 예로 가입형 블로그는 포털사이트 네이버의 블로그가 있으며 설치형 블로그의 예로는 티스토리 블로그가 있다.

국내에는 포털사이트 네이버의 영향력이 막강하기 때문에 대다수 기업형 블로그는 가입형 블로그로 운영된다. 블로그 개설 후 오픈캐스트 등 블로그 콘텐츠를 확장할 수 있는 연계 서비스를 활용해 더욱 노출 영향력을 높일 수 있다.

블로그를 개설하고 나서 기본적인 블로그 육성 단계에는 다양한 관리 지침이 필요하다. 네이버가 제공하고 있는 '파워블로그 선정 기준'에 따르면 '내용의 충실성', '소통의 노력', '활동의 신뢰성'이 평가의 기준이다.

포털사이트에서도 상위 노출 블로그는 포털사이트의 공신력에 영향을 줄 수 있기 때문에 정기적인 검사를 통해 필터링을 하고 있다.

아무리 우수한 상위 노출 블로그라도 하루아침에 저품질 블로그로 낙인 찍힐 수 있다. 그렇기에 메인 채널을 운영함과 동시에 보조적으로 서브채널을 운영해야 한다.

1. 파워블로그 선정위원회의 활동내용 평가

파워블로그 선정위원회는 다양한 블로그 주제를 아우를 수 있도록 각계 각층의 전문가들로 매년 새롭게 구성됩니다.
활동 내용 평가는 블로그의 기본 가치가 반영될 수 있도록 다음 세가지 항목으로 이루어집니다.

내용의 충실성

✓ 블로그 사용자 개인만의 경험 /정보 /이야기 를 담고 있는지 확인합니다.
✓ 좋은 주제를 정하여, 의미있는 포스팅 활동을 하는 블로거에게 가산점을 드립니다.

소통의 노력

✓ 블로그의 덧글 /포스트 등을 통해 이웃과 활발히 교류하고 있는지 살펴봅니다.
✓ 이웃과 방문자가 포스트를 쉽게 읽고, 이해할 수 있도록 배려하여 소통하고 있는지 확인합니다.

활동의 신뢰성

✓ 블로그를 통한 상업활동이 블로그 본연의 주제와 이야기 전달을 방해하지 않는지 고려합니다.
✓ 공정거래위원회의 '추천,보증 등에 관한 표시광고 심사지침 및 전자상거래 등에서의
소비자보호에 관한 법률'을 준수한 상업활동이 이루어지고 있는지를 함께 고려합니다.

[출처] blog.naver.com

이는 블로그의 활동성을 계량적 활동 지표를 바탕으로 매년 블로거의 활동 경향에 맞게 최적화 되고 있다.

블로그 지수 분석 항목	상세 내용
블로그 활동성 지수	블로그 운영 기간, 포스트 수, 포스트 쓰기 빈도, 최근의 포스트 활동성이 포함됩니다. 모든 방문자들과 공유할 수 있는 전체 공개 포스트만을 대상으로 하며, 포스트를 직접 작성했는지 스크랩하거나 수집한 포스트인지를 구별합니다.
블로그 인기도 지수	방문자 수, 방문 수, 페이지 뷰, 이웃 수, 스크랩 수가 포함됩니다. 같은 방문자가 여러 번 방문하는지(방문자 수와 방문 수), 한 번의 방문으로 포스트를 얼마나 보고 가는지(방문 수와 페이지 뷰)를 세부적으로 분석하므로 특정 지표가 높다고 해서 반드시 높은 평가를 받는 것은 아닙니다.
포스트 주목도 지수	블로그 홈의 주목받는 글과 동일한 주목도 지수를 활용합니다. 포스트 내용이 충실하고, 많은 방문자들이 포스트를 읽고, 덧글과 공감을 남길수록 주목도 지수가 올라가게 됩니다. 블로그에 속한 포스트 전반의 주목도 점수를 활용하므로, 포스트 단위의 주목도 지수와는 다르게 반영됩니다.
포스트 인기도 지수	덧글, 엮인글, 공감, 조회, 스크랩 등 포스트 단위의 반응 지표를 활용합니다. 각각의 반응이 내가 남긴 것인지, 이웃이 남긴 것인지, 타인이 남긴 것인지에 따라 다르게 반영됩니다. 또한, 다양한 주제별 블로그를 소개하기 위해 주제별로 반응 지표의 비중을 달리 계산합니다.

[출처] blog.naver.com

　　블로그를 빠르게 영향력 있는 매체로 육성하기 위한 다양한 방법이 있지만 가장 표본이 되는 것은 '꾸준히 새로운 콘텐츠를 공급하는 것'에 있다.

　　기존의 콘텐츠를 복사·붙이기 형식으로 블로그를 운영할 경우, 온라인에 노출된 콘텐츠와의 유사도를 평가해 아무리 꾸준히 블로그를 운영한다 할지라도 좋은 블로그로 육성되기는 힘들다.

(2) 핵심 소비자를 집중 공략하는 카페 마케팅

대형 카페 커뮤니티의 집중도는 여느 포털사이트의 영향력보다 앞선다. 특히 주부를 타깃층으로 하는 산업 분야에서는 대형 육아 카페 커뮤니티와 지속적인 이벤트 제휴를 맺고, 이름을 알려 장기적인 판촉에 성공한 사례가 많다.

<회원 수 2백 80만 명의 네이버 대표 카페 '레몬테라스'의 메인화면>

카페 커뮤니티와의 온라인 마케팅 전략으로는 각 카페마다의 다양한 광고 전략 영역이 존재하지만 운영자와의 조율을 통해 새로운 마케팅 진행이 얼마든지 가능하다.

항목	내용
1. 상담 게시판 카테고리 입점	신규 카테고리를 개설해 Q&A를 받고 프로모션을 진행
2. 메인 영역 배너 광고 노출	메인 배너 영역에 기업 이미지를 노출
3. 카페 회원만을 위한 공동 구매 이벤트	유대감이 높은 카페일수록 공동 구매를 통한 제품 구매가 활발

(3) 강력한 퍼포먼스 콘텐츠를 알리는 페이스북

페이스북의 이용자는 동영상, 사진, 가벼운 테스트형 게임 등을 통해 콘텐츠를 'VIEW' 하는 즉각적인 반응의 이용자다.

장황한 글을 써 봐야 7줄이 넘어가면 '더 보기'를 클릭해야만 소비자에게 도달할 수 있다. 스크롤을 내리다가도 잠시 멈춰 사진과 영상을 볼 수 있는 제품으로 뷰티, 식품 등 즉각적인 Before&after 효능을 볼 수 있는 제품군에 유용하다.

이와 같은 방법으로 최근 인터넷 얼짱과 같이 강력한 팬층을 보유한 파워 오피니언 리더와 제휴해, 제품의 리뷰 영상을 유튜브, 페이스북을 통해 핵심 구매 타깃층에 노출해 '꿀광쿠션', '악마쿠션' 등의 닉네임을 얻으며 단기간에 큰 인지도를 높인 뷰티 브랜드들이 있다.

페이스북 광고의 경우 텍스트, 사진, 영상 콘텐츠를 통해 즉각적인 퍼포먼스를 유발하며 내가 원하는 타깃에게 정확히 노출될 수 있다.

<페이스북 광고의 범위>

캠페인 목표를 선택하세요

- 게시물 홍보하기
- 페이지 홍보하기
- 웹사이트 방문 수 높이기
- 웹사이트 전환 늘리기
- 앱 설치 늘리기
- 앱 참여 늘리기
- 이벤트 참여도 늘리기
- 쿠폰 발급 수 높이기
- 동영상 조회

[출처] 페이스북AD

원하는 사이트, 콘텐츠의 홍보가 가능한 페이스북 광고를 적극적으로 활용해 온라인 마케팅 채널의 구독자를 늘리고 콘텐츠를 홍보할 수 있다.

연령, 성별, 위치, 관심사까지 상세한 타깃팅이 가능하며 최대 도달 범위를 사전에 예상해 볼 수 있다.

(4) 인맥 기반의 신뢰도 높은 카카오스토리 채널 마케팅

우스갯소리로 '우리 아이 이렇게 잘 커요'를 알린다는 카카오스토리는 그만큼 3040 여성·주부 타깃들의 높은 지지를 받고 있다. 카카오스토리는 카카오톡의 지인을 기반으로 하는 소셜네트워크 채널이기 때문에 이용자들이 부담 없이 자신의 사생활을 공개하며 신뢰도 높은 채널 영향력을 구축하고 있다.

카카오스토리의 구독자 랭킹을 보여주는 통계 사이트를 보면 (http://www.kakaotree.kr/main/main_index.php) 1~20위 중 대다수가 '여자들이 좋아하는 공간', '아내의 식탁' 등 여성 취향의 채널임을 알 수 있다.

<2016년 1월 카카오스토리 채널별 구독자 BEST 20>

대한민국의 지갑은 3040 여성 소비자가 쥐고 있다. 특히 자사의 제품이 3040 여성·주부 소비자가 핵심 타깃이라면 카카오스토리는 놓치지 말아야 할 온라인 마케팅 채널이다.

카카오스토리는 다양한 멀티미디어 소재(텍스트, 이미지, 동영상, 외부 링크형 게시글)를 활용할 수 있다. 또한 옐로아이디를 개설해 카카오톡을 통해 무료 1:1 상담으로 다양한 문의를 통해 매출을 발생시킨다. 단체 구독자에게 전송할 수 있는 단체 메시지는 건당 11원으로 효율적인 마케팅 집행이 가능하다.

카카오스토리 광고를 집행하기 위해서는 다음 클릭스(https://clix.biz.daum.net)의 광고주 계정을 설정하고 새로운 캠페인을 개설하면 된다.

가이드에 따라 광고 소재, 프로필 이미지, 링크 URL등을 삽입하면 기본적인 광고 세팅이 완료된다.

기본적인 광고 소재 및 문구를 설정한 후 광고를 노출할 세부적인 연령층, 지역, 성별, 취미 등에 따라 타깃팅을 설정할 수 있다.

카카오스토리 공식 채널 계정을 설정해 브랜드 소식을 알리고, 옐로아이디를 개설해 친밀한 1:1 상담을 유도한다. 더불어 카카오스토리 광고를 통해 폭넓은 소비자를 유입시켜 브랜드를 붐업(BOOM-UP)시킬 수 있다.

3

브랜딩 메인 채널 설계

기업의 정체성을 알리는 매체를 성장시켜라

체급과 대회를 결정했다면 나만의 필승 기술을 연마해야 한다. 무엇을 말할지, 누구에게 말해야 할지를 결정했다면 기업과 제품에 맞는 2개 이상의 온라인 마케팅 채널을 결정한 후, 기업의 전략이 집중된 '공식 매체'를 결정하라.

다양한 온라인 마케팅을 진행함에 있어 가장 핵심이 되는 '채널 허브'를 육성해야 한다. 다양한 온라인 마케팅 채널을 운영해 시너지 효과를 노리는 것은 좋지만 무조건적인 문어발식 마케팅 진행은 비효율적이며 소비자들에게 정보 과잉의 부정적 이미지를 줄 수 있다. 일시적인 매출로 이어진다 하더라도, 장기적인 매출 확보에 실패할 수 밖에 없다. 단발적인 부정여론에 대응할 수 없기 때문이다.

광고를 접한 소비자는 끊임없이 '진실된 순간'을 찾기 위해 검색

한다. 공식 브랜드 채널에서 믿을 만한 정보를 최신까지 내보내고 있는지, 자신이 문의를 제기했을 때 즉각적인 답변이 돌아올 수 있는 '살아 있는 브랜드'인지. 그리고 발견되는 의혹에 즉각적으로 반응해 진실을 찾고자 한다. 이때 필요한 것이 '기업의 공식 채널'이다.

기업의 공식 채널을 육성하기 위해서는 정기적인 콘텐츠 운영 및 구독자 확보를 위한 이벤트 진행과 철저한 팬(fan) 관리가 필요하다.

(1) 정기적인 콘텐츠 운영

구독자들이 원하는 다양한 형태의 콘텐츠 제품 활용 리뷰 영상, 사진과 웹 이미지 작업을 통한 포토툰 등으로 브랜드 콘셉트에 따른 메시지를 전달한다.

(2) 구독자 확보를 위한 이벤트

추후 브랜드를 소비할 팬은 한 번의 커뮤니케이션으로 만들 수 없다. SNS 채널을 구독한 후 공식 몰(mall)로의 유입이 없는 구독자를 위한 회원 가입 이벤트, 충동적인 구매를 했다 할지라도 재구매를 유도하기 위해서는 구매자를 위한 리뷰 이벤트, 구매가 일어나지 않은 구독자만을 위해 첫 구매 유도형 이벤트, 지속적인 채널 구독을 위한 흥미 유발형 단발성 이벤트를 꾸준히 기획해야 한다.

(3) 콘텐츠 개발 전략

온라인 채널에서는 매일 유사한 내용의 콘텐츠들이 쏟아진다. 똑같은 글로는 구독자를 늘려 나갈 수 없다. 뉴스 기사와 똑같은 정보를 제공한다면 당신의 팬은 3일 이내 당신의 온라인 콘텐츠를 구독 취소하게 될 것이다.

쏟아지는 정보를 인포그래픽으로 정리해 보여 준다거나 같은 정보라도 최소한 다른 형식의 콘텐츠 구성이 필요하다.

PART
2

⋮

누구에게 말할 것인가

1

구매자와 이용자를
구분하라

권투 학원의 수강생은 저마다의 목적을 가지고 온다. 프로 선수가 되기 위한 수강생도 있겠지만 퇴근 후 다이어트를 하기 위해 혹은 방과 후 건강한 취미 생활을 위해 학원을 등록할 수도 있다.

학원의 이용자는 학생이지만, 비용을 지불하는 구매자는 3040 주부다. 학생들에게 흥미로운 콘텐츠로 호기심을 주면서도 학부모들에게 건강하고 믿을 수 있는 스포츠라는 신뢰도를 제공해야 매출로 이어질 수 있다.

이처럼 소비 활동은 엄연히 구매자와 이용자가 분리되는 경우가 대다수다. 이 사항을 무시한 채 마케팅을 진행할 경우 마케팅에 필요한 시간과 비용이 배로 증가하게 된다.

2

SNS 채널 이용자의
라이프 스타일을 분석하라

그렇다면 학부모들과 학생들의 생활 패턴 속에 마케팅은 어떻게 노출될 수 있는가. 주부들이 바쁜 오전 시간을 보내고 커피 한 잔과 함께 스마트폰의 메시지를 확인하는 시간, 혹은 저녁 요리를 하기 전 메뉴 탐색을 위해 카카오스토리를 열어 보는 시간이 될 것이다.

반면 학생들의 경우 등·하교 시간, 쉬는 시간, 점심시간이 스마트폰을 통해 콘텐츠를 접할 수 있는 시간이 된다. 온라인 마케팅에서 콘텐츠를 만드는 것만큼 중요한 것이 시간이다. 몇 시에 어디에 어떤 콘텐츠를 노출하느냐에 따라 같은 콘텐츠일지라도 노출과 유입이 달라지게 된다.

예를 들어 학부모들에게 신뢰도를 얻기 위해서는 3040 주부들의 이용이 가장 활발한 SNS인 카카오스토리 광고를 집행하고, 동시에 학생들이 즐겨 찾는 페이스북 및 블로그를 통한 공식 온라인 채널에서 흥미로운 콘텐츠를 접하게 해 주는 전략으로 접근할 수 있다.

　SNS 뉴스 이용률이 신문 정기 구독률보다 높다는 사실을 기억하자. 메인 타깃이 중장년층이라고해서 고전적인 홍보 채널을 이용하는 것보다 온라인 마케팅 전략을 수립해 접근하는 것이 효과적일 수 있다.

2014년에 SNS 뉴스 이용률(20.70%)이 신문 정기 구독률(20.20%)를 처음으로 앞서기 시작했다.

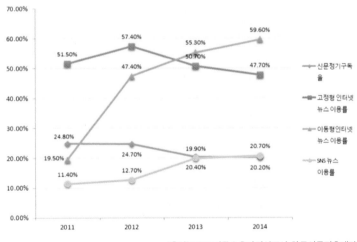

[출처] 2014 언론수용자의식조사_한국언론진흥재단

6세 이상 인터넷 이용자의 60.7%가 최근 1년 이내 SNS를 이용한 것으로 나타났다. 특히 40대와 50대의 SNS 이용률은 2013년을 기점으로 매우 높아지고 있다. 전 세대에 걸친 온라인 마케팅 전략이 필요하다는 것이다.

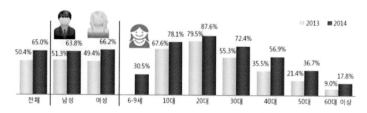

[출처] 2014년 모바일인터넷이용실태조사_한국인터넷진흥원

2015 디지털 소비자 보고서 중 '소셜미디어 이용 실태 분석'에 따르면 이용자 특성에 따라 선호하는 SNS 채널 내용을 확인할 수 있다. 남성의 경우 페이스북 이용률이 67.5%로 전체 응답자 평균보다 높았으며, 여성은 상대적으로 카카오스토리(22.7%)와 인스타그램(14.9%)의 사용을 선호한다.

(단위 : %)

		사례수	페이스북 (Facebook)	카카오스토리 (KakaoStory)	인스타그램 (Instagram)	밴드 (BAND)	트위터 (Twitter)	핀터레스트 (Pinterest)	텀블러 (tumblr)
전체		(516)	59.8	17.1	10.3	8.2	2.4	0.6	0.5
성별	남성	(262)	55.5	12.5	6.4	8.8	2.0	0.8	0.5
	여성	(214)	50.4		10.0	7.6	2.8	0.4	0.4
연령대별	20대	(145)		2.1	17.2	3.5	1.3	1.4	0.6
	30대	(126)	63.6	11.1		3.2	1.0	0.0	0.6
	40대	(123)	57.9	24.3	1.7	11.2	2.9	0.0	0.6
	50대	(122)	44.3		0.0		4.7	0.9	0.0
직업별	자영업	(19)	58.6	18.8	0.0	16.4	6.1	0.0	0.0
	블루칼라	(35)	58.5	31.9	4.6	5.4	0.0	0.0	0.0
	화이트칼라	(125)		14.4		4.5	2.4	0.6	0.5
	전업주부	(58)	27.6		4.3		3.8	0.0	0.0
	대학생	(44)		0.0		4.2	0.0	0.0	0.0
	무직/기타	(35)	61.4	6.6	18.1	8.6	0.0	3.3	2.1
결혼여부별	미혼	(223)		5.2		3.8	0.5	0.9	0.7
	기혼	(293)	53.1		4.3		3.8	0.0	0.4
가구형태별	1인 가구	(79)	59.2	7.0	29.5	2.4	1.5	0.0	0.9
	1세대 가구	(53)	72.2	14.0	12.5	1.4	0.0	0.0	0.0
	2세대 가구	(350)	56.9		6.4		3.2	0.6	0.5
	1세대 이상 가구	(29)	73.7	12.6	5.7	4.0	0.0	4.0	0.0
소득수준별	300만원 미만	(96)	61.4	9.9	21.7	8.8	2.2	0.0	0.0
	300-500만원 미만	(187)	57.0	17.1	11.4	9.0	2.1	1.2	0.8
	500-700만원 미만	(126)	55.6	24.8	4.4	12.8	0.9	0.7	0.7
	700만원 이상	(106)	68.2	14.6	4.9	5.5	4.8	0.0	0.0

Note : 최근 1개월 기준
Base 소셜 미디어 이용 경험자(n=516)

특히 연령대가 낮을수록 페이스북, 높을수록 카카오스토리를 이용하는 경향을 보이며, 타깃층이 어릴수록 새로운 SNS 채널에 대한 반응이 높다는 것을 알 수 있다.

3

오피니언 리더를 찾아라
우리의 소비자는 누구의 목소리를 듣고 있는가

연령대별, 거주 지역별, 성별에 따라 사람들이 신뢰하는 목소리는 모두 다르다. 10대들이 매일 확인하는 얼짱들의 유튜브 화장법, 바쁜 20대들이 킬링타임으로 사용하는 재미있는 콘텐츠를 쏟아내는 페이스북 그룹, 30대 주부들이 매일 저녁 메뉴를 확인하는 요리 파워블로거 레시피, 40대 남성들이 구독하는 정치사회 분야 논객 블로거까지. 기업의 소비자 타깃이 즐겨 찾는 SNS 채널을 확인하고 그에 맞는 오피니언 리더를 발굴해 접촉해야 한다.

페이스북의 경우 유사 페이스북 간의 제휴를 통해 팬들의 교류를 응원하며 시너지 효과를 창출할 수 있다.

오피니언 리더를 발굴하는 방법에는 포털사이트가 공식 인증

한 엠블럼을 보유한 파워블로그를 찾는 방법도 있지만 더욱 효과적인 방법으로는 해당 기업이 노출하고자 하는 키워드를 포털사이트에 '상위노출'시키고 있는 영향력 있는 채널 운영자를 찾아 접촉하는 일이다.

NAVER   겨울 립스틱 추천   검색

통합검색   블로그   이미지   카페   지식iN   동영상   어학사전   뉴스   더보기·

연관검색어 › 맥 립스틱 칠리 아리따움 크리미틴트 아리따움 립스틱 맥 겨울립스틱   신고 ×
          미샤 립스틱 추천 맥 루비우 버건디 립스틱

블로그 1-10 / 22,377건

가을, 겨울 립스틱 추천, 맥 칠리 후기 2015.12.30.
401은 비비드하고 톡톡 튀는 느낌이라면 맥 칠리는 차분하면서 강렬한 포인트를
주는 색상입니다. 가을, 겨울 립스틱으로 맥 립스틱 칠리를 강력 추천합니다.
여니 블로그, Valua,... blog.naver.com/yeonee19/220582546648   블로그 내 검색

틴트 16호 벨벳레드 발색 : 겨울립스틱 추천 2016.01.05.
저는 어제 쉐도우 보러갔다가 아리따움 마몽드 립스틱에 꽂혀서 바로 구입했답니당 겨울립
스틱 추천 포스팅으로도 괜찮은 아리따움 마몽드 크리미 틴트 컬러밤!...
다정한 먹노그 blog.naver.com/goodtody71/220588393204   블로그 내 검색

말린장미한송이 가을겨울립스틱으로 추천합니당! 6일 전
촉촉해서 각질이 막 부각되진 않더라구요. 가을, 겨울에 참 잘 어울릴 컬러에요. 요즘 이것
만 발라요 ㅎㅎ 꼭 테스트 해보시구 구매하세용~!! 추천합니당~ 그럼 저는 이만 뿅뿅~
해찌의 공작실 blog.naver.com/cdk7578/220591645754   블로그 내 검색

[겨울 립스틱 추천] 블리블리 립스틱... 2015.12.13.
포스팅은 겨울 립스틱 추천 : 블리블리 립스틱 코랄립스틱 / 핑크립스틱 블리블리 립스틱
은 꿀추출물, 스위트아몬드오일 올리브오일, 쉐어버터, 매화추출물 등 좋은...
스텔라의 another 행... blog.naver.com/ysb221/220567063687   블로그 내 검색

[일본뷰티] 2016 겨울 코트에 맞는 립스틱 추천 5일 전
겨울 코트에 맞는 립스틱에 대해 포스팅하겠습니다!! 일본잡지 『MAQUIA』 2월호에 나오
는 메이크업입니다. 《체스터 코트》 *립스틱* ※THREE / 벨벳 라스트 립스틱 12 +50...
HANAHANA hanahana.co.kr/220592209376   블로그 내 검색

예를 들어 뷰티 제품의 경우 상세 품목군을 설정해 키워드를 검색해 보면 양질의 리뷰 콘텐츠로 상위 노출을 점유하고 있는 블로거들을 만날 수 있다. 이들에게 적극적으로 제휴 의사를 밝히고 마케팅 네트워크를 형성하는 것 또한 효과적인 온라인 마케팅 전략이다.

포털사이트 NAVER의 파워블로거는 매년 분야별로 선정된다.

우리 브랜드에 적합한
오피니언 리더를 채널별로 찾아보자!

- 주요 키워드 상위 노출 블로그:

- 포털사이트 공식 인증 파워블로그:

- 구독자를 1만 명 이상 확보한 영향력 있는 페이스북 및 카페 등 기타 SNS채널:

PART
3

:

어떻게 말할 것인가

1

경쟁사를
찾아라

국내외 시장을 리딩하는 선발 주자가 있는지, 후발 주자는 어떤 업체인지, 경쟁자가 없는 신사업 영역인지 구분하라.

마케팅은 본인이 앞서 나가는 것 또한 중요하지만 경쟁자와 차별점을 두는 것이 가장 핵심이다. 대중들의 소비 선택에 있어 분명한 혜택을 줄 수 있어야 한다.

그 혜택은 다양한 형태로 존재한다. 가격, 이미지, 신뢰도 등 우리는 온라인 마케팅을 통해 다양한 형태의 브랜드 가치를 창출할 수 있다.

20대가 메인 타깃이라면 '친구처럼' 소통하되 '충분히 현명한 소비를 하고 있음'을 알려 줄 수 있는 때때로 유머러스하지만 가치지향적인 콘텐츠가 필요하다.

경쟁사 및 전반적인 시장 흐름을 차지하기 위해서는 온라인 마케팅의 국내외 흐름을 꾸준히 습득하는 것이 중요하다.

국내 온라인 마케팅의 흐름을 살펴볼 수 있는 정보 사이트를 매일 확인하는 습관을 길러 트렌드를 읽을 수 있어야 한다.

사이트명	소개
1. IT월드 http://www.itworld.co.kr	클라우드/빅데이터/보안/사물 인터넷/ 온라인 마케팅 인사이트 정보 제공
2. 아이보스 http://www.i-boss.co.kr	검색 광고, 배너 광고, SNS 마케팅 등 최근 트렌드 마케팅 정보 소식
3. 디지에코 http://www.digieco.co.kr	멀티미디어/모바일 트렌드/동향 브리 핑/디지털 생태계 소식
4. DMC리포트 http://www.dmcreport.co.kr	온라인 및 모바일 마케팅 조사 자료/글 로벌 이슈 정보 제공
5. 삼성경제연구소 http://www.seri.org/_index_.html	멀티미디어/산업 전반의 국내외 현황 자료 공개
6. LG경제연구소 http://www.lgeri.com	경제 전망/경영/경제/산업 정보
7. 한국경제연구소 http://한국경제연구소.kr	인구/문화/농어촌 통계 DATA
8. 현대경제연구원 http://www.hri.co.kr	경제/산업경영/사회문화/통일/한반도 평화지수 등 자료 제공
9. 산업연구원 http://www.kiet.re.kr	산업동향 브리프
10. 포스코 경영연구원 https://www.posri.re.kr/	철강/산업/경영/경제 보고서

2

미투 브랜드가 될 것인가,
선도 업체가 될 것인가

같은 산업군에는 경쟁사들이 존재한다. '사이다 같다'는 표현을 유행시킨 '칠성사이다'의 유니크한 페이스북 콘텐츠가 있으며 열정과 젊음을 끊임없이 표현하는 핫식스가 있다.

저마다의 제품에 따른 브랜드 콘셉트로 온라인 마케팅을 진행하고 있기에 소비자들은 기업의 이미지를 기억하고 인지해, 제품이 필요한 상황에 맞춰 소비를 하게 된다.

동종 업계의 온라인 마케팅 현황을 분석한 후, 리딩 업체와는 최소한의 차별화된 콘택트 포인트가 필요하다. 그것이 콘텐츠의 유형이든 캐릭터 화자든 구독자들은 매일 쏟아지는 같은 뉴스를 여러 채널을 통해 수집하지 않는다는 사실을 명심하라.

3

주 단위, 월 단위,
분기별 주제를 수립하라

온라인 마케팅 운영을 위한 콘셉트와 채널을 기획했다면 이제 상세한 운영 계획안을 수립해야 한다. 주 단위 총 몇 건의 콘텐츠를 운영할 것이며 월 몇 회의 이벤트를 진행할 것인지, 주요 사회적 이슈와 분기별 계절 변화에 따른 주목도를 어떻게 유발시킬 것인가 등의 스케줄링이 필요하다.

각 산업에는 성수기와 비수기가 존재한다. 비수기 시즌에 온라인 마케팅을 통해 인지도를 높이고 충성도를 높여 성수기 시즌에 맞는 빅 프로모션을 기획해야 한다.

파워 브랜딩 매체를 갖기 위한
단계별 전략

이제 단계별 채널 운영에 대한 흐름을 잡았다면 기간별 단계에
따른 온라인 마케팅 스케줄링을 시작해 보자.

:: 직접 기획해 보세요!

기간	단계	내용
운영 1~3개월	도입기	채널 개설
운영 3~6개월	구축기	온라인 마케팅 채널 육성 (구독자 모집)
운영 6~9개월	안정기	정기적 이벤트를 통한 고정 방문자 확보(이웃, 고정 이벤트 참여자)
운영 9~12개월	매출 증대	판촉 프로모션 설계를 통한 매출 증대(쿠폰 증정, SNS 채널 특별 할인 이벤트 등)

PART

4

⋮

어디에 말할 것인가

1

읽는 사람을 위한
마케팅 글쓰기

자신만의 기술까지 습득했다면 이제 남은 것은, 링 위에서 어떻게 기술을 쓸 것인가에 달려 있다. 정보를 검색한 소비자를 위한 콘텐츠 만들기 단계다. 소비자들의 눈에 들어오는 글쓰기 전략을 기획해야 한다.

우리 제품을 어떤 키워드로 노출하냐에 따라 실제 구매 고객의 유입이 달라질 수 있다. 서울 외곽 지역에 아주 멋지고 아늑한 친환경 카페를 개설했다고 가정했을 때, 새로 지은 카페 이름만 노출했을 때 사람들은 결코 유입될 수 없다.

방문할 의사를 가진 사람들이 검색하는 키워드를 탐색하라. 사람들이 방문할 수 있도록 지역명과 브랜드 키워드 전략이 필요할 것이며, 상황에 따른 브랜드 접근 전략으로 브랜드 콘셉트 키워드 전략도 유용할 것이다.

<구매 의사를 가진 사람들이 검색하는 키워드 그룹의 기획 예시>

A. 지역명 + 콘셉트 키워드
  경기도 데이트 코스, 서울 근교 데이트 코스, 분위기 좋은 카페추천

B. 시간 + 콘셉트 키워드
  주말 가족 여행지, 경기도 당일치기 여행 코스

C. 콘셉트 키워드
  낮잠 카페, 커플 카페 추천

키워드를 추출하는 방법으로는 우선 경쟁사나 동종 업계의 공식 채널을 검색한 후, 해당 콘텐츠의 제목으로 많이 노출되는 키워드를 확인해 볼 수 있다.

어떤 콘텐츠를 등록할지가 계획되었다면 콘텐츠의 유형을 구분하여 카테고리 및 콘텐츠 테마를 기획하라.

<콘텐츠 카테고리 기획 예시>

유형	카테고리명 예시	수량
1. 브랜드 소식 전달	힐링카페 news	주 2회
2. 일상/정보	맛따라 길따라	주 2회
3. event	행복추첨	주 2회

카테고리를 기획할 때 염두에 두어야 할 점은 해당 카테고리에 같은 종류의 콘텐츠를 장기적으로 업로드 할 수 있는 테마여야 한다는 점이다.

카테고리를 기획할 시 반드시 포함되어야 하는 3 종류의 카테고리 유형이 있다.

1. 많은 대중을 유입할 수 있는 정보성 카테고리: 경기도 지역의 여행 정보 콘텐츠
2. 브랜드 정보 콘텐츠: 메뉴 정보, 위치 정보, 현장 리뷰 콘텐츠
3. 재방문을 유도하는 이벤트 콘텐츠: 댓글 퀴즈 이벤트, 사행시, 글짓기, 사진 공모전형 이벤트, 스크랩, 공유, 공감하기 이벤트, 투표 이벤트

해당 카테고리는 각각 정보성 카테고리의 경우 지속적인 콘텐츠를 올려 신규 방문자를 유입할 수 있도록 해주며, 브랜드 정보 콘텐츠는 해당 방문자에게 브랜드 소식을 노출해 마케팅에 도움을 주고, 이벤트 카테고리를 통해 온라인 마케팅 채널을 재방문하고 장기적인 마니아(mania)층으로 성장시킬 수 있게 한다.

더불어 각 카테고리의 세부적인 사항으로 콘텐츠 테마를 나누어 '웹툰, 뉴스기사형' 등으로 다채롭게 꾸며야 한다.

특히 콘텐츠가 업로드되는 일정을 지켜 구독자에게 지속적인 알림(push)를 줄 수 있어야 한다.

2

구독자 반응
분석하기

키워드와 카테고리를 기획해 콘텐츠를 전략적으로 제작했다면 이제 노출을 통해 구독자들의 반응을 분석하라. 댓글이 가장 많이 달리는 콘텐츠, 스크랩이 가장 많이 일어나는 콘텐츠, 신규 방문자가 유입되는 키워드, 계속해서 재방문하는 팬(fan)까지 모든 데이터를 수치화해 기록하라.

운영 초창기 신규 방문자를 유입해 온라인 마케팅 채널 구독자를 만들고, 이들을 소비자로까지 전환하기 위해서는 면밀한 커뮤니케이션 관리가 필요하다. 브랜드의 담당자가 끊임없이 당신과 소통하고 있다는 확신을 줄 수 있어야 한다.

온라인 마케팅 채널은 저마다의 분석 인사이트를 제공하지만 더욱 자세한 분석을 위해 새로운 정보를 취합해 보여 주는 분석 툴을 사용하는 것이 좋다.

<온라인 마케팅 채널 분석 사이트 목록>

분석 사이트	내용
1. 구글 애널리틱스 www.google.com/ analytics	실시간 접속 내용, 방문 형태, 사용자 흐름 등을 무료로 분석. 온라인 마케팅 채널 분석을 위해서는 필수로 사용.
2. 클리키 www.clicky.com	하루 3,000페이지 뷰 이하를 가진 사용자에게는 평생 무료로 제공, 이보다 많은 트래픽을 가진 사용자는 페이지 뷰에 따라 한 달에 10~20달러를 내고 유료 계정을 사용.
3. 우프라 www.woopra.com	실시간 사용자의 접속 위치, 가장 많이 본 페이지 등의 정보를 인포그래픽으로 제공.
3. 고스퀘어드 gosquared.com	시간당의 트래픽 패턴, 과거 데이터 비교, 사용자가 모이는 페이지 등을 분석하는 웹로그 분석 툴.

온라인 마케팅을 집행하는 것만큼이나 결과를 분석하고 발전시켜 나가는 것이 중요하다. 어떤 콘텐츠에 가장 많은 방문자들이 모이는지, 어떤 키워드로 유입되는지를 분석해 더욱 많은 신규 방문자의 유입을 유도한다.

⋮

매출 창구로써의
마케팅 채널을 기획하라

1

목표는
매출 증대

채널 속 상담 채널 연계, 공동 구매를 통한 구매 촉진 프로모션을 기획하라.

온라인 마케팅의 콘셉트와 슬로건 아래 말하고자 하는 명확한 메시지를 전달하고 있다면 이제 최종 목표를 명백히 해야 한다. 마케팅의 목적은 결국 매출 증대다.

항목	내용
1단계 고객 데이터베이스 구축	SNS 채널 운영을 통한 이벤트로 정기적인 무료 샘플 체험 신청을 통해 db를 구축해 2차 메일링 및 확장 마케팅 진행
2단계 회원 가입 유도형	SNS 채널 홍보를 통한 회원 가입 유도 (링크를 통한 가입으로 쿠폰 증정, 캐시 적립 등 혜택 제공)
3단계 제품 구매	제품 구매 후 SNS 인증에 따른 추가 혜택 제공으로 입소문 유도

2

채널 연동으로
시너지 효과를 창출하라

채널 한계를 벗어나기 위한 통합 마케팅 전략을 수립해야 한다.

강력한 공식 브랜드 채널을 확보하고 있다 할지라도 구독자와 채널 간의 권태기가 오기 마련이다. 여기에서 우리는 '새로운 친구'가 필요하다.

카카오스토리를 통해 강력한 3040 주부 네트워크를 확보했다면 유사 사진형 채널인 인스타그램으로 고객을 초대하거나 공유가 쉬운 블로그 채널로 구독자를 초청해 새로운 브랜드 정보 및 생활 정보를 제공하는 것이다.

이는 신규 네트워크 확장에도 유용하지만 기존 온라인 마케팅 채널 구독자에게도 신선한 브랜드 이미지를 제공해 장기적인 구독자로 유치가 가능하게 한다.

:

위기를 사전에 대비하라

1

콘텐츠
저작권

온라인 마케팅을 이용하다 보면 매일 사진을 찍어 올릴 수 없다는 사실에 직면해 운영이 흐지부지되는 경우가 많다. 이때 필요한 것이 이미지 사이트다.

특히 저작권이 없는 이미지를 무단으로 사용했을 시, 기업의 경우 광고 홍보의 목적으로 추후 고소에 휘말릴 수 있으니 온라인 콘텐츠를 이용함에 있어 항상 저작권을 염두에 두어야 한다.

물론 저작권이 보장되는 라이선스 사이트와 제휴해 진행하는 것이 가장 안전한 방법이지만 무료 저작권 사이트도 있으니 참고해 활용하면 좋다.

사이트명	내용
1. 언스플래시 https://unsplash.com	고해상도 사진 무료 제공. 10일마다 새로운 사진 업데이트.
2. 픽사베이 http://pixabay.com	53만 장이 넘는 사진과 백터 이미지, 일러스트 이미지, 동영상 등을 비상업적 목적으로 복사, 수정, 배포 이용.
3. 그레티소그래피 http://www.gratisography.com	개인 및 상업적 용도로 사용 가능한 무료 저작권 이미지 사이트.

2

실시간 대응 가능한 공식 채널 및
서포터즈 네트워크 확보

온라인 마케팅을 하다 보면 우리 브랜드의 팬도 존재하지만 안티도 존재하기 마련이다. 어떠한 콘텐츠에도 욕설과 비방을 남기기 일쑤인 안티팬 역시 존재한다. 하지만 그들도 팬이라는 사실을 잊어서는 안 된다.

SNS 채널을 운영함에 있어 공식적인 지침을 수립해 부정적 비방과 욕설은 삭제할 수 있음을 사전에 권고하는 것도 좋지만, 이럴 때는 비방용 여론을 상위에서 안 보이도록 밀어내기를 하는 방식이나, 부정적 여론의 키워드로 논리적인 해명의 콘텐츠를 작성하는 것이 좋다.

이를 위해 실시간 대응 가능한 공식 채널 및 서포터즈 네트워크 확보가 필요한 것이다. 기업의 입장을 표명하되 이 내용이 많은 사람들에게 신뢰를 얻을 수 있어야 하는데 갑작스럽게 노출되는 새로운 채널에서는 사람들의 신뢰를 얻기 어렵다.

무턱대고 언론 기사에 기업의 입장을 표명한다고 해서 그 콘텐츠가 온라인에 남아 긍정적으로 공유되기는 어렵다.

우리 팬들에게 소식을 노출해 그들의 입으로 긍정적으로 전파될 수 있도록 해야 한다.

3

꾸준히 성장시킨
브랜드 채널의 힘

고정적인 온라인 마케팅 채널의 구독자(블로그 이웃, 이벤트를 통한 개인 정보 동의)를 확보하고 이들 중 매일 브랜드 소식에 피드백을 보내오는 마니아(mania)층이 생기기 시작했다면 이제 우리 기업만의 온라인 마케팅 영역이 구축되었다고 볼 수 있다.

하지만 콘텐츠만 장기적으로 채널에 업로드한다고 해서 브랜드 채널에 힘이 생기는 것은 아니다. 장기적인 채널 운영을 하다 보면 예상치 못한 변수가 발생할 수 있는데 갑자기 상위에 노출되던 블로그들이 하루아침에 상위에 노출되지 않는 저품질로 판명되거나, 악의적 댓글이 노출되어 페이스북에 부정적 여론이 도배되는 경우들이다.

이 때문에 지속적인 온라인 마케팅을 진행하기 위해 항상 유념

해야 할 점이 바로 공식 계정 관리다. 기업의 입장에서는 홍보성 콘텐츠일지라도 유사한 콘텐츠를 계속해서 업로드하면 스팸성 콘텐츠를 작성하는 계정으로 인식해 상위 노출되지 못하거나 자신이 작성한 글이 노출되지 못하는 페널티를 받을 수 있다.

이에 공식 계정의 관리는 담당자가 철저한 로그인, 로그아웃 기록 관리 및 여타 다른 사람들에게 계정이 공유될 시 확실한 접속 시간 및 로그아웃 시간을 확인해야 한다.

동시에 다양한 곳에서 접속해 온라인 마케팅 작업을 진행하면 계정 관리에 악영향을 줄 수 있다. 중복 로그인 등의 이유로 양질의 상위 노출 블로그로 육성하기 어려워질 가능성이 발생할 수 있기 때문이다.

카카오스토리나 페이스북의 경우에도 로그아웃 제한이 걸리는 등 일시적 문제가 발생할 수 있으므로 계정 관리를 하는 온라인 마케팅 담당자는 반드시 계정 정보 보안을 위해 노력해야 한다.

철저한 온라인 마케팅의 콘셉트와 콘텐츠, 계정 정보 보안까지 노력하는 이유는 마케팅 채널로써의 가치를 실현시키기 위해서다. 마케팅은 결국 매출 증대가 목표다. 따라서 유·무형의 가치를 생산해 내는 스토리텔링의 마케팅 방향과 기법 역시 중요하지만, 결국 판매를 이끌어 낼 수 있는 마케팅 목표를 수립해야 한다.

매월 총 몇 명의 신규 방문자를 유입해서 그중 몇 퍼센트(%)를 공식 홈페이지나 매출처로 회원 가입시킬 것이며, 이들에게 얼마의 매출을 유발할 수 있을 것인가. 이에 따른 시즌별, 연간 목표를 수립해야 한다.

목표 설정 항목(KPI)
콘텐츠 운영 채널 및 콘텐츠 발행 갯수 (주 단위/월 단위)
일일 신규 방문자
일일 재방문자를 포함 총 방문자 수
매월 고정 구독자 수 증감 전월 대비 비중
온라인 마케팅이 채널의 전체 방문자 수에 따른 공식 홈페이지 회원 가입 비중 목표
공식 홈페이지 회원 전환을 위한 매월 이벤트 진행 횟수 및 경품의 규모 (EX. 매월 이벤트 3회를 통해 총 100명의 신규 및 재방문자 개인 정보 DB 확보)
통계 분석을 통한 핵심 키워드로의 노출 콘텐츠 수 목표 (EX. 라식 수술 후기 키워드로 블로그 영역 1페이지 이내 40% 점유 목표)

온라인 마케팅을 운영하기 위해 콘텐츠 제작자를 채용한다 할지라도 큰 방향과 목표를 기획자라 수립하지 않는 이상 목적지가 없는 망망대해 위에 떠 있는 배와 같다.

배가 전복되지 않기 위해서는 거친 파도가 몰아치는 온라인 영역에서 우리 기업의 브랜드 마케팅은 무엇을 말하고 싶고, 어디로 갈 것인지가 분명해야 한다.

이를 바탕으로 콘텐츠 제작자 및 채널 관리자 등 각 담당자들의 포지션을 명확히 수립되어야 노련한 사공들이 배를 저어 목적지로 빠르게 갈 수 있을 것이다.

수많은 경쟁사들이 오늘도 온라인 마케팅에 뛰어들지만 온라인 마케팅을 통해 매출 증대, 기업 신뢰도 상승 등의 목표를 달성하는 기업은 소수에 불과하다.

온라인 마케팅을 시작하면서 아무런 준비 없이 링 위에 오르지 말라. 많은 관중이 모인 큰 경기 무대일수록 생각지 못했던 변수가 일어나기 마련이고 경쟁자들은 이미 챔피언 벨트를 거머쥐고 있다.

자신에 대한 확실한 믿음 그리고 상대에 대한 철저한 분석이 필요하며 많은 관중을 내 편으로 만들어야만이 온라인 마케팅 시장에서 승리자가 될 수 있을 것이다.